Christa Spilling-Nöker

Vom Segen der Frühlings- und Osterzeit

LIEBE LESERINNEN UND LESER!

Nicht nur wir Menschen, sondern auch die Natur sehnt sich am Ende des Winters nach Wärme und Neubeginn. Genauso empfand einst ein kleines Schneeglöckchen. „Jetzt ist meine Zeit bald gekommen“, flüsterte es, „ich werde aller Welt zeigen, dass die kalte Jahreszeit jetzt zu Ende geht.“ „Übernimmst du dich da nicht?“, spotteten die Krokusse. „Wir sind die ersten Frühlingsboten. Dein blässliches Weiß können sie doch gar nicht von den Schneeresten auf den Beeten unterscheiden.“ Doch das Schneeglöckchen überhörte diese hochmütigen Worte. Froh gestimmt spürte es, wie die Sonne von Tag zu Tag stärker wurde; und schon streckte es sein helles Köpfchen nach oben und wuchs dem strahlenden Winterhimmel zitternd entgegen. „Seht doch nur, das erste Schneeglöckchen ist aufgegangen!“, riefen die Menschen fröhlich, „wie schön es ist!“ Als das Schneeglöckchen diese Worte vernahm, blühte es regelrecht auf vor Stolz. Die Krokusse hingegen liefen gelb, weiß und lila an vor Neid und sind es bis heute geblieben.
Mögen auch wir, dem Schneeglöckchen gleich, aus der Winterzeit unseres Lebens neu aufbrechen, dem Frühling entgegen wachsen und zeigen können, wie viel Freude und Kraft in uns steckt.

Christa Spilling-Nöker

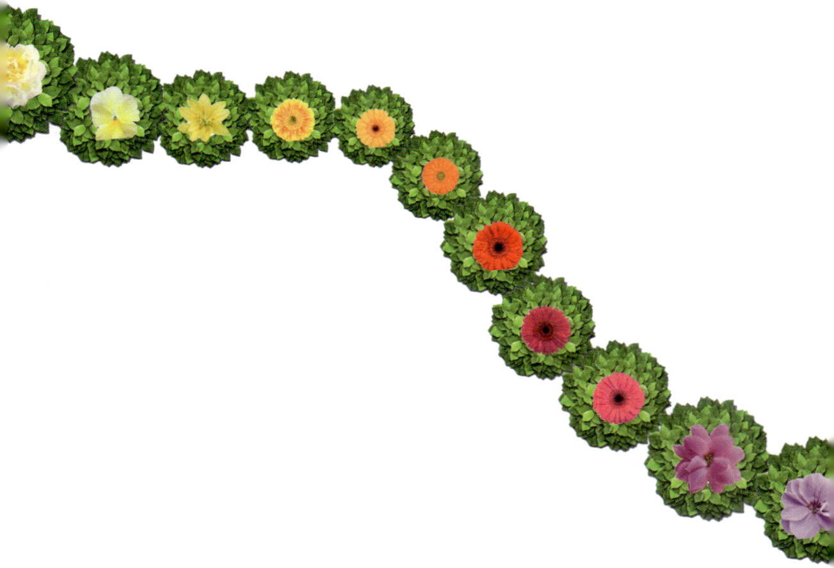

WINTER – ADÉ

Unter schneebedeckter Erde
regt sich, allem Anschein nach zum Trotz,
neues Grün in kaltem Boden,
wächst empor zum lichten Tag,
um dem Winter unbeirrbar
seinen Abschied zu verkünden
und der Menschen Sehnsucht
nach dem Frühling leise
einen ersten Hoffnungsschimmer
einzuläuten.

HOFFNUNG SÄEN

Was wird das neue Jahr bringen
an Freude und Schmerz,
an Glück und Enttäuschung,
an Lust oder Leere?

Allen Ängsten zum Trotz
Hoffnung säen auf das
noch unbestellte Feld.
Das Licht des Himmels
wird gedeihen lassen,
was du dir von der Zukunft
in deinem Herzen
still erträumst.

SEHNSUCHT NACH VEILCHEN

Gegen Ende
der kalten Jahreszeit
sehnst du dich nach
dem Gesang der Amsel
und nach dem Duft
der ersten Veilchen
in Feld und Flur.

Mögest du noch
ein wenig Geduld aufbringen,
bis du die ersten Frühlingsboten
über deine Sinne
wahrnehmen kannst.
Die Zeit, in der dein Mund singen
und deine Füße tanzen werden,
ist nah.

KÖNNTE JA SEIN

Könnte ja sein,
dass noch nicht
alle Hoffnungen
ausgeträumt sind,
und der Frühling
doch wieder
das brachliegende Land
durchbricht;

könnte ja sein,
dass die Zukunft
doch noch
dann und wann
eine Überraschung
für dich bereithält,
und das Leben
nach der langen Nacht
dich dir selbst
verwandelt
zurückgibt

könnte ja sein –

STILLES WUNDER

Wie viel Hoffnung
birgt eine Knospe in sich:
Etwas Neues entsteht,
ganz ohne Leistung,
ohne äußeren Druck,
ohne Anstrengungen
und Versagensangst.
Es bricht aus der Tiefe hervor
und wächst dem Himmel entgegen,
ein stilles Wunder,
das auch von dir
Besitz ergreift.

KRAFT NEUEN LEBENS

Wenn der Winter
sich mit der Schneeschmelze
langsam zurückzieht
und der Frühlingssonne
die Macht überlässt,
brechen aus zahllosen Wurzeln
zartgrüne Triebe hervor,
die die graue Welt
mit ihrer Hoffnungsfarbe sanft
aber sicher übertönen.
Die Kraft des sich neu
entfaltenden Lebens
zieht auch deine Seele
in einen unsichtbaren Bann
und verführt dein Herz dazu,
dich, aller Mutlosigkeit zum Trotz,
doch wieder auf das
Wunder der Wandlung
einzulassen.

BLÜTENTRÄUME

Die karge Zeit
ist vergangen:
Der Frühling übersät
Bäume und Sträucher
mit einem zarten
Blütentraum.

Ich wünsche dir,
dass das Wunder der Natur
deine Seele beschwingt,
damit die Freude
in dir aufblüht und du
Herzklopfen bekommst
vor Glück.

LIEBE DAS LEBEN

Freue dich
über jeden Morgen,
an dem sich ein
friedlicher Himmel
über dir wölbt.
Genieße den Tag,
an dem du satt wirst
an Leib und Seele
und atme das Glück
von Freundschaft
und Liebe ein,
wie den zarten Duft
des erwachenden
Frühlings.
Koste jeden frohen
Augenblick aus –
und du wirst spüren
was es heißt,
das Leben zu lieben.

ENDLICH AUFBLÜHEN

Endlich aufblühen
nach der langen
Dürre des Winters;
Frucht lässt sich
leise schon ahnen –
das Leben wächst dir
in all seiner Fülle
und erträumten Reife
auf unfassbare Weise
wieder neu zu.

HOFFNUNGSLIEDER

Laue Lüfte wagen
ihren ersten Atemzug
über Feld und Flur.
Schmetterlinge träumen heiter
ihren ersten Blütentanz;
Knospen ahnen,
ganz verstohlen, welche Fülle
ihnen noch verheißen ist,
und die Amseln singen dazu
Hoffnungslieder
in den Abendwind.

VOLLER ERWARTUNG

Wenn die Narzissen
weiß und gelb erblühen
und Hyazinthendüfte
durch die Gärten ziehen,
wenn Tulpen voller Stolz
die Stile recken
und ihre bunten Köpfe
nach dem Himmel strecken,
wenn Bäume,
voll im weißen Blütentraum,
sehnsüchtig
nach den Bienen schau'n,
und Sonnenlicht
die Erde küsst,
dann wisst ihr, dass bald
Ostern ist.

AUFBRUCH

Nun ist die Zeit des
großen Blühens gekommen:
Erwartungen brechen auf,
was wohl in der kommenden Zeit
aufgehen, wachsen und
gedeihen will.

Möge der Himmel
seinen Segen ausgießen
über die Knospen der Hoffnung,
damit sich öffnen kann,
was dem Leben jetzt gerade
entspricht.

HOFFNUNGSZWEIGE

Mach die Tore
deiner Seele weit
und öffne die Tür
zu deinem Herzen,
dass die heilenden Kräfte
dich durchströmen
und sich in dir
ausbreiten können.
Breite in dir
die Zweige der Hoffnung aus,
dass der Friede
in dich einziehen kann
und deine umherirrende Seele
zur Ruhe kommt.

GEMEINSAM

Freundschaft,
das ist
einen Weg miteinander gehen
und unter einem Baum
zur Ruhe kommen,
und im Zusammenspiel
von Licht und Schatten
sich selbst zu begegnen
im Du.

ABENDMAHL

Lade alle an deinen Tisch,
Schwester und Bruder,
Freund und auch Feind –
und teile mit ihnen
Brot und Wein.
Reiche allen die Hand
mit der Bitte um Segen,
und der Friede Gottes
wird unter euch sein.

BROT UND WEIN

Möge die Liebe
deine Seele durchströmen
wie Milch
und das Wort
der Vergebung
auf deiner Zunge
zergehen wie Honig.

Möge dein Herz
Manna bereithalten
für die Menschen,
denen du etwas schuldig
geblieben bist
in deiner Suche
um Nachsicht.

Mögen Brot und Wein
euch an einem
Tisch vereinen,
um das Verständnis
füreinander in der
Versöhnung
zu feiern.

TREU BLEIBEN

Den Freundinnen und Freunden,
die einen durch Freuden
und Widrigkeiten des Lebens
die Treue halten,
auch selbst verlässlich bleiben
in Wort und Tat,
damit das Vertrauen
auf einem unerschütterlichen Grund
bauen kann,
und der eine dem anderen
nicht zum Judas wird.

UNSER TÄGLICHES KREUZ

Es gibt so viele Kreuze,
die wir tragen –
oft, ohne ein Wort
darüber zu klagen:

Das Kreuz der Armut
und der Einsamkeit –
Das Kreuz des Hasses
und der Bangigkeit –
das Kreuz der Krankheit
und des Leides,
das Kreuz der Missgunst
und des Neides,
das Kreuz der Sorgen
und der Mühsal
das Kreuz des Jammers
und der Qual – !

Wir bitten: Befrei' uns
aus unserer Not –
du gütiger und
barmherziger Gott!

VERLASSENHEIT

Mein Gott, mein Gott,
warum hast du mich verlassen?
Ich weiß weder aus noch ein
in meiner Not.
Des Tags fürchte ich mich
vor den quälenden Sorgen,
aus denen ich keinen Ausweg finde
und des Nachts raubt mir die Angst
vor dem Morgen
immer wieder den Schlaf.
Ich flehe zu dir, wieder und wieder,
ich schreie zu dir, Stunde um Stunde,
doch ich nehme keine Antwort wahr,
spüre weder Hilfe noch Trost.
Mein Gott, mein Gott,
warum hast du mich verlassen?
Erlöse mich endlich
aus der Verzweiflung
und reiche mir deine rettende
und segnende Hand!

DEN STEIN INS ROLLEN BRINGEN

Den Stein
ins Rollen gebracht.
Nicht mehr verschlossen
in Grabeshöhlen
kerkergleich.
Endlich
in sich einströmen lassen
den Duft von Lavendel
und Rosmarin –
endlich wieder
zum Leben befreit.

LIEBE – BIS IN DEN TOD

Liebe gibt sich hin
über alle Grenzen dessen hinweg,
was begreifbar und fassbar ist.
Selbst der Tod
kann sie nicht schrecken,
weil sie eine göttliche Kraft ist,
die das Leben
auf geheimnisvolle Weise
durchdringt und bestärkt.

AUFSTEHEN

Dem Dunklen in dir
die Gelegenheit verwehren,
in das Licht des Morgens
aufzusteigen.
Aufstehen, trotz allem
was bleischwer niederdrückt,
und den Aufstand wagen
gegen die zähe
und lähmende Kraft.
Der Tag ist zu kostbar,
um ihn an die Nacht
zu verlieren.

ZUM LEBEN ERWACHEN

Aufstehen am Morgen,
voll froher Erwartung,
was der bevorstehende Tag
einem abverlangt.

Mutig den Aufstand wagen
gegen Unterdrückung
Hunger und Krieg –
für eine freie, gerechtere Welt.

Auferstehen aus den Lähmungen,
die gefangen halten,
hinein in ein kraftvolles Leben
heute und hier:

Ostern feiern!

WEG ZUM LICHT

Die Nacht des Todes
ist jetzt endgültig
vorüber.
Ein Engel steht
still am Grab;
schon bei Nacht
hat er den Stein
hinweggerollt
und weist dir den Weg
in die Freiheit
zum Licht.
Nun steh du auch auf
und kehre zurück
in dein Leben.

ENGEL BEI NACHT

Ermutigende Worte
und tröstende Gesten
haben dich in erdrückend
schweren Zeiten
zur Auferstehung
mitten im Alltag bewegt.
Neues strömt dir
erwartungsvoll entgegen.
So hat dir also ein Engel
bei Nacht
den schweren Stein
von der Seele gewälzt.

DEM HIMMEL ENTGEGEN

Sich nach langen Zeiten
der Verkrümmtheit
wieder aufrichten
und sich dem Himmel mit
der Fülle seiner
segnenden Kraft
mit Leib und Seele
entgegenstrecken,
um sein Licht
in sich einzulassen,
ist Auferstehung
mitten am Tag.

WUNDER DER WANDLUNG

Es werden Tage kommen,
die besser sind als die,
die du als verloren
beweinst.
So, wie ein Samenkorn
in der Dunkelheit
der Erde ruht,
um aufzugehen,
und zu voller Schönheit
zu erblühen,
so wird auch deine Seele
aus der Dunkelheit
emporwachsen
zum Licht.
Das Wunder der Wandlung
vollzieht sich schon jetzt
in dir.

NUR DIE LIEBE

Nur die Liebe
öffnet uns das Tor
zum Licht –
nur die Liebe
schenkt uns eine
neue Sicht –
nur die Liebe
kann die Welt
verwandeln –
nur die Liebe
treibt uns an
zum Handeln.

BERÜHRUNG ZWISCHEN HIMMEL UND ERDE

Heute schicke ich
alle meine Wünsche
zum Himmel hinauf,
und wenn der nächste
Regenbogen
am Horizont erscheint,
wird das farbenfrohe Glück
auf ihm heruntergleiten
und mein Herz
verzaubern.

EINS SEIN MIT SICH SELBST

Mit dem eigenen Wesen
und dem bisherigen Weg
übereinstimmen –
zufrieden mit sich selbst
und in Frieden
mit anderen Menschen sein –
sich in der unendlichen Liebe,
die das Weltall beseelt,
aufgehoben
und geborgen wissen –
im Himmel sein.

EINEN HAUCH VON….

Einen Hauch von Wagemut,
einen Hauch von Tapferkeit,
einen Hauch von Lebenslust,
einen Hauch von Fröhlichkeit,
einen Hauch von Fantasie,
einen Hauch von Findigkeit,
einen Hauch von Leidenschaft,
einen Hauch von Seligkeit,
möge dir die segnende Kraft
des heilig-heilenden Geistes,
Atem, der lebendig macht,
mitten ins Herz wehen!

HEILIG-HEILENDER GEIST

Möge dich der heilig-heilende Geist,
Kraft aller Lebendigkeit
mit seinem Segen durchwehen,
damit dich die Begeisterung hinreißt
zu feurigem Schwung
und dich mit einer
neu erwachenden Leidenschaft
für das Leben durchglüht.

VERSÖHNUNG UND FRIEDEN

Ich wünsche dir,
dass du erfüllt bist
vom Geist der Versöhnung
und des Friedens,
damit deine Worte sanft sind zu denen,
die dir etwas schuldig geblieben sind
an Aufmerksamkeit und an Liebe,
und dass deine Bitte um Vergebung
ein offenes Ohr findet.

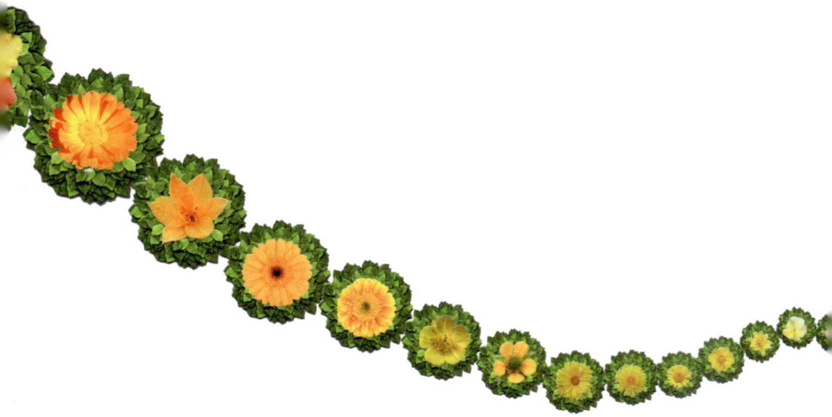

FRIEDENSTAUBEN

Jetzt ist die Zeit reif dazu,
einen neuen Anfang zu wagen.
Ich schreibe dir heute
einen versöhnlichen Brief
und vertraue darauf,
dass es eine Friedenstaube ist,
die ihn in dein Herz fallen lässt.

ATEMPAUSEN

Lass dem Tage sein Licht
und der Nacht ihre Finsternis,
denn alles hat seine Zeit
unter dem Himmel.
Überhaste dich nicht
in deiner Geschäftigkeit,
sondern räume dir Stunden
innerer Freiheit
und Orte der Stille ein,
um deine Gedanken und Pläne,
deine Wünsche und Träume
in aller Ruhe reifen zu lassen.
Nimm dir nicht mehr vor,
als du im Augenblick
bewältigen kannst,
damit du dich nicht zum Sklaven
deiner selbst machst.
Beschenke dich täglich
mit Atempausen,
damit der Odem Gottes,
der alles Sein durchdringt,
auch durch dich
wahrnehmbar wird.

SEGEN FÜR DICH UND FÜR MICH

Es gibt
Oasen in der Wüste,
leuchtendes Morgenrot am Ende der Nacht,
Quellen unter Geröll
und eine Hand, die dich auch in den
dunkelsten Stunden fest hält.

Es gibt
Türen, die sich wieder öffnen,
Worte, die das Schweigen durchbrechen,
Gesten der Versöhnung
und erste Schritte auf dem Weg
in eine neue Zeit.

Es gibt
Farben des Regenbogens,
Knospen aus trockenen Zweigen,
Trauer, die uns reifen lässt
und ermutigenden Segen
für dich und mich.

Die Texte in diesem Buch stammen von **Christa Spilling-Nöker.** Sie ist 1950 in Hamburg geboren, Dr. phil., Pfarrerin der badischen Landeskirche a. D. und lebt als freie Schriftstellerin in Ettlingen. Sie hat eine tiefenpsychologische Zusatzausbildung.

Seit über 20 Jahren erscheinen ihre Bücher im Verlag am Eschbach.
Zuletzt sind von ihr erschienen:
Aus meiner Vorratskammer (70247)
Vom Segen der Winter- und Weihnachtszeit (70244)
Heute grüßt dich eine Rose (70209)
Eine Seelenapotheke (70195).
Alle weiteren Bücher und Karten finden Sie auch unter **www.verlag-am-eschbach.de.**

Mit Bildern von:
Neung Stocker Photography/Shutterstock.com (Umschlag), **Ruslan M**./Shutterstock.com (Vorsatz, S. 19), **KonstantinChristian**/Shutterstock.com (S. 3, Nachsatz), **Im Perfect Lazybones**/Shutterstock.com (S. 4-5), **Sumikophoto**/Shutterstock.com (S. 6), **Dimitrios**/Shutterstock.com (S. 8-9), **ngarare**/Shutterstock.com (S. 10-11), **Pprapann**/Shutterstock.com (S. 12-13), **Efired**/Shutterstock.com (S. 14-15), **Serg64**/Shutterstock.com (S. 17), **Alberto Masnovo**/Shutterstock.com (S. 20-21), **Mark Lehigh**/Shutterstock.com (S. 22-23), **pixbox77**/Shutterstock.com (S. 24-25), **Pavelis**/Shutterstock.com (S. 26-27), **Neung Stocker Photography**/Shutterstock.com (S. 28-29), **Pincasso**/Shutterstock.com (S. 30-31), **Antonov Roman**/Shutterstock.com (S. 32-33), **Sarah2**/Shutterstock.com (S. 34), **Furtseff**/Shutterstock.com (S. 36), **ConstantinosZ**/Shutterstock.com (S. 39).

Bibliographische Information der Deutschen Nationalbibliothek:
Die Deutsche Nationalbibliothek verzeichnet diese Publikation in der Deutschen Nationalbibliographie; detaillierte Daten sind im Internet über http://dnb.d-nb.de abrufbar.

ISBN 978-3-86917-276-7

Im Alten Rathaus/Hauptstraße 37
D-79427 Eschbach/Markgräflerland

www.verlag-am-eschbach.de

Gestaltung, Satz und Repro: Katrin Moosbrugger, Verlag am Eschbach
Schriftvorlagen: Monika Pellkofer-Grießhammer, Ahorntal
Herstellung: Süddeutsche Verlagsgesellschaft Ulm

Manufakt

Dieser Baum steht für klimaneutrale Produktion,
umweltschonende Ressourcenverwendung,
individuelle Handarbeit und sorgfältige Herstellung.